Auf guad münchnerisch

Karin Zick

Auf guad münchnerisch

Satirisches in Münchner Dialekt

Books on Demand GmbH

© 2015 Karin Zick
Herstellung und Verlag:
BoD - Books on Demand, Norderstedt
ISBN 978 3 7347 5510 1

Die Deutsche Bibliothek - CIP-Einheitsaufnahme:
Zick, Karin: "Auf guad münchnerisch":
Satirisches in Münchner Dialekt/Karin Zick. -
Norderstedt:
Books on Demand, 2015
ISBN 978 3 7347 5510 1

Inhalt:

Da schene Sigi
Am schena Sigi geht a Liacht auf 9
Aus 'm Bauch 11
Fallbeispiel 13
Unerklärlich 16
Koa Schodn ohne Nutzen 18

Feierlich und himmlisch
Alle Jahre wieder 20
Vorsätzlich 21
Weihnachten 23
Feierwerk 26
Flucht aus dem Paradies 28
Flügellahm 31
Im Himmi nix Neis 33

Ned ganz so lustig
Kinderaung 37
Lebenszeichen 39
Sichtkontakt 42
Wos bleibt 43
Zeitspiegel 45
Nebenwirkung 47

Kultur
Heidenröslein 49
Meinungsbildung 50

Faust für Anfänger 52
Das Lied von der Glocke 59
Wanderers Nachtlied 61
Vernissage 62

Moderne Zeiten
Steckerlvirus 64
Lösungsmittel 66
Guada Grund 68
Faszination 70
Koa Zeit 72
Absatzschwierigkeiten 73
Webomanie 74

Einfach bayerisch
Sportlerherz 76
Feldstudie 78
Richtungswechsel 80
Weißwursts Betrachtungen 83

Es kummt immer anders
Wortgewalt 84
Ganz einfach 87
Tiefenwirkung 89
Neigschmeckt 92
Ratgeber 94
Guad glaffa 96

De Andern und mia
Bläde bis gscheide Sprüch 98
Entzug 100

Asylanten	102
A Oanzlfoi	104
Temperamentssach	110
Farbenblind	113
Gordischer Knoten	115
Alphabetisches Register	117

Am schena Sigi geht a Liacht auf

Boid kummt sei Neie - d' erste Nacht
und de ghert zu wos Bsondam gmacht.
Da Sigi hod a Lampn kafft, mit Dimmer.
De soi in seim Schlafzimmer
sanfte Dämmerung vabreitn,
de willig macht fia Lustbarkeitn.

No is s eipackt im Karton,
wart auf ihrn Einsatz am Blafon.
Da Sigi hod normalerweis
fia sowos sein Bekanntenkreis.
Aber ausgerechnet heid
hod auf de Schnelle koana Zeit.

Mit Schraumziaga, Loata und Zanga
wird d Liachtmontage oganga.
Er hod koa Taschnlampn gfundn
und se a Kerzn vor d Stirn bundn.
Und sei Schwimmbruin no umgschnoit,
de s Flüssigwachs vom Aug fernhoit.

Da Sigi hangelt se voipackelt
auf d Loata nauf, de wackelt.
Je größer d Höh, desto mehr Pausn:
da Sigi kriagt leicht Ohrensausn.

An Loatagipfe beinah gnumma
sigt da Sigi Sterndl kumma.
D' Umgebung taumelt kreiz und quer,
Kopf und Mong spuin Kreisverkehr.
D Loata schwankt,
da Sigi wankt.
Er laßt oiss foin, wui se festhoitn,
und gspiat d Schwerkraft woitn:
landt weich auf m Bett – gottseidank.
D' Loadda rammt an Spiaglschrank.

Da Sigi liegt no schmerz-zerkringelt,
ois sei Handy klingelt:
Sei Neie is, druckst rum:
„Mei, bist ma bös, wenn i ned kumm?
„Is ned mei Art, so kurz obsong,
aber irgendwie spinnt heid mei Mong."
Kaum aufglegt, leits aa no an Sigis Dia,
a Spezi is: „Jetz passat s doch bei mir
wega da Lampn mit dem Dimmer.
Oder brauchst mi nimmer?"

Aus 'm Bauch

Aufbretzlt fia sei Disko-Tour,
hautenge Hosn, glänzade Schuah;
Flittergel ins Haar neigschmiert
nomoi im Spiagl kontrolliert
Da Sigi vo vorn, vo da Seitn:
Knopflöcher, de se weitn.
Bloß mit diafm Luftohoitn
vastecka se da Schlaffheit Foitn.
Sunst hängt sei Bauch hoibrund
vorn übern ganzn Hosenbund.
Am nächstn Dog scho rennt a
ins Bodybuilding-Center,
laßt se an Trainingsplan erstein
zum kontrollierten Muskelquäin.

De erste Übung: null Problem!
Er is vui Radl gfahrn im Lebn.
Des moi aber gehts bergauf,
steht aufm Trainingszettl drauf.
Noch drei Minutn auf m Radl
brennt 's in de Schenkel und de Wadl.
Vui friahra, ois im Plan eidrong,
muaß a se vom Sportgrät plong,
weil d Knia vom Strampen bebn
und beim Geh aa no nochgebn.

Mit kloane Schritt, recht bleiern,
muaß a zua da nächstn Übung eiern.
Erleicht'rung bis in d Zehaspitzn:
beim Hanteltraining derf a sitzn!

Noch oa Minutn mit de Gwicht
vaziagts am Sigi s Gsicht.
De untrainierten Oberarm
jauln scho bei fünf Kilogramm.
Von da Schwerkraft arg dableckt,
wern d Hantln ins Regal zruckglegt.

Ois nächsts: hilegn, d Fiaß eiklemma
und an Oberkörper aufwärts stemma.
D Bauchmuskln lacha Hohn:
da Sigi hebt kaum ob vom Bodn.
Er reißt se hoch mit olla Gwoit,
sitzt fast aufrecht, da Muskel hoit.

Glei drauf a Stich - er muaß vaharrn:
Es is eahm wos ins Kreiz neigfahrn.
Zur Unbeweglichkeit vadammt,
muaß a wartn, bis wer spannt.
Hod währenddessen Zeit zum Denga,
daß Unglück aa Erkenntnis schenga:
Nächste Woch geht a zum Schneider,
der macht eahm sei Gwand weider.

Fallbeispiel

Soboid de ersten warma Stroihn
vom Sommerhimme runtafoin,
werd auf de Gehweg zammagruckt,
se an Zwergerltisch hidruckt,
wern d' Leit ausgricht und gschaugt,
ob ned wer zum Flirten daugt.

Und - wia kannts aa anders sei -
da schene Sigi find se ei:
De schwarzen Haar mit Gel higschleckt,
an Brustbewuchs mit Goid bedeckt.
Des kontrastiert dekorativ
zum Seidenhemad in oliv.
Dem Leinensakko in bordeaux
sigt ma d' noble Herkunft o.
Im Goid-Etui lieng d' Zigaretten,
ums Handglenk schewan Panzerketten.

An de volla Tisch rundrum
drahn se d' Leit zum Sigi um.
Der nimmt soiche Huidigung
quasi ois Entschuidigung
oi jener, de 's ned sann,
aber so gern wia da Sigi waarn!

Er is am Plotz da schenste Hirsch
und a Profi auf da Pirsch:
Er lächelt, pfeift und winkt,
zu jeder, de de Hüftn schwingt.
Und teils offen, teils vadruckt,
lacha d' Madl meistens zruck.
Manche kichern aa vastoihn,
wissen ned, ob s' hischaung soin.

Da Sigi is sei Wirkung gwohnt;
er sitzt aa nimma, sondern thront
und spreizt se wia a Gockel
auf seim seiberbauten Sockel.
Bloß, daß auf seine Flirtmaniern
aa sehr vui Männer reagiern,
des kennt a ned, des war no nia.
Er wissat aa koan Grund dafia.
Später is er eahm dann klar,
nochdem a auf 'm Örtchen war:
Wos er fia Bewundrung ghoitn,
hod seiner offna Hosn goitn.

Da Mangel is zwar jetz behobn,
doch da Weg vom Kloo noch drobn,
naus zu seim Tisch und zu de Leit!
De ham des gseng de ganze Zeit!

Da Sigi zoagt se auf da Straß,
trotz Sonnastudio leichenblaß.
Sei Blick hod jetz aa nimma
des Verführers Siegesschimmer.
Da gspreizte Gang hod aa valorn,
is zu am kloalaut Schleicha worn.

Er zoiht, valaßt den Ort da Schand -
doch auf am neia Kenntnisstand:
Jede Seibstgefälligkeit
werd eighoit vo da Wirklichkeit.

Unerklärlich

Da Omd hod sche ogfanga:
mit seina Neuen zum Essen ganga.
Da schene Sigi hod ned gspart
und mit am Stern aufgwart.
Noch Hummer, Schampus und Soufflé
hoam zu eahm - auf an Kaffee.
Den hod ma auf da Couch eignumma,
d' Hormone sann auf Touren kumma.
Am End vo da Vaführungspistn
gaabs an neier Strich in seiner Listn.

Wollust und Gier dränga -
und da Sigi - laßt oiss hänga!
In da Vaführer-Zunft
sigt a se zum Zwergal gschrumpft.
Damit des ned zur Gwohnheit grodt,
hoid a se Apotheker-Rat.

Huat, Sonnabruin, an Mantelkrong
bis über d' Ohrn naufgschlong.
Er wart, bis d' Kunden weniger werdn,
redt ganz leise, kaum zum hern:
"I brauchat wos fia unten rum,
damit i konn, oder kumm."
D' Vakäuferin frogt interessiert:
"Sie kenna ned, aa wenn s pressiert?

Weil 's z hart is? Koa Problem,
do konn i wos zum Obführn gebn".

Da Sigi schluckt, fangt nomoi o:
"Na, na - do liegts ned dro.
Es is ned innen, ma konn 's seng."
D Vakäuferin denkt noch a weng:
"Ach so? Koa Grund zum schama:
Hämorrhiden-Soim, de ham ma."
Unterm Huat rinnt da Schweiß
auf immer neie Gleis.
Oa Vasuach noch m andern
laßt Arznein aufn Tresn wandern:
Soibn, Tabletten, Tropfa, Saft,
aber nix fia d Lendenkraft.

Um des Gspui zum End zu führn,
kafft a hoid an Tee fia d Niern.
Nochdem d Erwartunga ned passn
konn a zumindest de steh lassn.

Koa Schadn ohne Nutzen

Da scheene Sigi hod scho länger
an Hormon-Durchhänger:
Sei Weiblichkeits-Verfügbarlistn
is durch; er muaß wieda naus auf d' Pistn.

Wohi sein Adoniskörper trong?
Er kennt jeds In-Lokal wia n Mantelkrong!
Spezi ham an neia Tipp
fia sein Casanova-Trip.

Samstag omd, da Sigi im Designer-Chic,
steht im künftigen Revier, sei Blick
geht in da Szenerie rundrum.
Er steht ergriffa, ungwohnt stumm,
kummt aus m Stauna nimma naus:
So vui Fraun - und de schaung aus!

Ollesamt von Venus küßt,
mit Aphrodites Körpergrüst.
Jede durchgstylt ganz famos
und modelmäßig groß.

Von Walküren bis Gazellen
schlogt d Schönheit hohe Wellen.
Er is umringt vo Weiblichkeit
und umgarnt s' mit Leichtigkeit.

Von ra Rassigen mit dunkle Aung
konn a nimma weggaschaung:
Auf so a Vollweib hod a gwart!
Es stört 'n ned ihr Damenbart
und ned ihr ungewöhnlich starke Hand,
de seine fest umspannt.
Er flirtet mit seim Schwarm, sei Grinsn
wird eigfangt vo a Fotolinsen.

Am nächsten Dog hod des Buid
d' Klatschspoitn in ra Zeitung gfuit.
Weil Sigis Jagdrevier in spe
is in da Stod seit eh und je
bekannt ois In-Treff fia gewisse Herrn,
de omds gern zu Damen werdn.
Zerst schmeißt 's an Sigi umanand,
dann denkt a se: Jetz stodbekannt
ois schena Mo, werds olle Madl gfoin
eahm vasuacha umzumpoin.

Alle Jahre wieder

D' Dog wern kürza, schlechter as Weda
boid is scho da erste Advent.
Dann sigt ma wieda, wia jeder
um a Weihnachtsgschenk rennt.

Aufpacklt mit Taschn und Tütn,
grod renna und roasn dean d' Leit
und erfuin Geschäftsleits Bitten:
recht vui Umsatz zur Weihnachtszeit.

A Rempla vo rechts, Drängln vo hint
ma konn se fast nimma riahn.
Damit a no schnei des Richtige find,
datritt di oana vor lauter Pressiern.

Und wia de letztn Moi
woaß ma aa heier gwieß,
daß **de** Weihnacht auf jeden Foi
de letzte mit Geschenke is.

Vorsätzlich

Oamoi im Jahr, ab Mitternacht,
wenn 's draußen zischt und kracht,
wenn d' Feierwerk in Himmi schiaßn
und as neie Jahr begriaßn,
faßt ma des, wos jeder kennt,
"guade Vorsätz" werd des gnennt.
Sie kenna aber ned lang streßen:
's Vafoisdatum is knapp bemessen.

Bei mir ned. I steh dazua,
wos i ab 1. Januar dua:
Sowieso werd weitergraucht,
solang 's me no ned schlaucht,
wenn i in vierten Stock naufwetz
und kurz vom Zui zum Spurt osetz.

Wenn wos Bläds zum Doa osteht,
werds nausgschobn, so langs irgend geht.
Mit am Sport werd ned ogfangt:
I hob an großn Hund, des glangt.

Mim Wohnungputzen werd se plogt
erst, wenn se a Bsuach osogt.
Gsünder essen? I duas mim Dringa:
Sog nia Na, wenn Weißbier winga.

Wei Hefe, des is fast Arznei.
Fia wos, des foit ma grod ned ei.

D' Leit soin weida sei wia s' soin,
solangs nix von mir woin.
Mei Gseischaft werd i dene schenga,
de se aufs vorletzte Wort beschränga.

Da guadn Vorsätz frischer Stuck
bräselt unter zuvui Druck.
Drum werd bei mir koa Vorsatz gfaßt,
der se ned streßfrei durchziang laßt.
I sog ma, ganz Realist:
"Vasuach ned z wern, wos Du ned bist."

Weihnacht

Leise rieselt da Schnee,
d' weiße Decka wachst in d Höh.
Da Räumdienst schaufelt ohne Ruah
am Straßenrand de Autos zua.

Und drinna in da warma Stubn
genga feine Grüchal um:
A Ganserl, gestern no bei Aldi gfrorn
is ins Backrohr neigschobn worn.

Da Hausherr werkelt mit de Flaschn,
wui d' Gäst aa heier überraschen:
mischt zamm, wos jeder kennt,
er aber sein "Spezialpunsch" nennt.

Und **er** hod aa de Nordmanntanna
neigstellt in a volle Fuaßbodwanna.
Weil dem Bamm da Kollaps droht:
Er war a Sonderangebot.

D Gäst kumma, Schlog auf Schlog,
aa soichane, de ma ned mog.
Sann eigladn wordn - bloß heit
wega da Weihnachtsfriedlichkeit.

War bläd - noch a ra hoibn Stund
gehts in da Weihnachtsdeko rund.
So lang ned gseng, is vui aufgstaut,
wos se zum Gwittersturm aufbaut:

Bäse Worte schalln durchs Zimmer:
"Du Hoisabschneider! Warst scho immer!
Wos wuist 'n du? Du Bonsaihirn!
An Watschnbamm konnst d' gspian!"

Es werd gstrittn und diskutiert -
während 's Ganserl zum Brikett mutiert.
Da Weihnachtsbaum mit lahme Glieder
sinkt unter seiner Schmückung nieder.

D' Wohnungstür knallt boid minütlich;
d' Gäst sann furt - und es werd gmiatlich.
De schwarze Gans werd zerhackt,
fia Nachbars Dackel zammapackt.

Dann nauf auf d' Couch, in d' Ruah eidaucha
- und endlich derf ma raucha.

Noch literweism Punschgenuß
foit fia nächsts Jahr der Beschluß:
Ma werd für 'n Christbamm weida laffa
und ned des Glump vom Baumarkt kaffa.

Feierwerk

Ganz friahra hods ois Lebn
bloß Viecha und a Greazeig gebn.
Und Prometheus, hoiwat Mensch und Gott,
der oiss am Laffa ghoitn hod.
Sei Bruada war eahm zwar zur Seitn,
trotzdem warns lädschade Zeitn.

Prometheus hods mit Töpfern gfuit,
mit a wengal Baaz rumgspuit,
zwoa Gstoitn gformt, ned sche zwar,
doch ois Mensch erkennbar.
Damit se de baazigen Gstoitn
künftig fia wos Bessas hoitn,
hod Athene Hirn neighaucht,
obwoih da Mensch des seitn braucht.
A damois war eahm mehra wert,
daß a se enorm vermehrt.

D' Götter im Olymp ham spannt,
daß do a Gschäft geh kannt.
Weil eahna Schutz und Götterkunst
gibts fia neamand umasunst.
D' Vahandlunga warn zaach und hart,
Prometheus hod mit Bschieß ned gspart.
D' Götter hams gmerkt, warn grantig.
D' Zeus drauf zum Prometheus hantig:

"As Feier kriagst Du von uns ned!"
Der drauf: "Na stehl i s hoid; bin ja ned bläd."
Gsogt und do; Zeus war bedient:
"Mir werdn scho seng, wer letztlich gwinnt!"
Hod a Model engagiert: Pandora,
se instruiert, wos z' doa waar.
Hods mit a Bixn nuntergschickt -
de war mit Menschheits-Übel gspickt.

Prometheus Bruada war valorn,
is vo Pandora eiglullt worn.
Prometheus warnt: "Laß d Bixn zua!
Des is vom Zeus a krumme Tour!"
Pandora glaubt 's ned, schraubt glei drauf
neigierig ihra Bixn auf.
In Newe, Rauch und Gstank
entströmt ihra da Götter Dank
fia 's dilettantisch gstoihne Feier
in Form vo Viren und Einkommensteier.

Es guit wos aufzumfrischen:
Klaun derfst - aber laß de ned dawischn.

Flucht aus dem Paradies

As Paradies werd gern vaklärt
ois Ort, wo ma se 's unbeschwert
vo Grippeviren, Not und Hast
im siaßn Nixdoa guadgeh laßt.
Und trotzdem is recht lätschad gwesn:
Koa Musi, koa Sex, nix zum Lesn,
koa Talkshow und koa Internet -
nix, wos Lustgewinn brocht hätt.
Und Leit? Es warn bloß zwoa,
Eva und Adam, ganz alloa.
So guad wia völlig hüllenlos,
ozong mit am Bladl bloß.

Da Eva war 's ganz bsonders fad.
Sie hod se denkt: "Es werd sche stad
wirklich Zeit, daß se wos riaht"
und hod an Adam do higfiaht,
wo de vabotna Frücht am Bamm
da Erkenntnis gwachsn sann.
Da Adam hod, genau wia heit,
zittert vor da Obrigkeit:

"Laß fei ja des Obst in Ruah,
sunst ziang ma uns de Erbsünd zua.
I wui weng Dir koan Ärger kriang
und aus m Paradies nausfliang."

D Eva drauf: "Des is ma wurscht!
Liawa Hunger und an Durscht,
und an Katarrh und Masern.
I wui lebn mit olle Fasern!
Ins Lebn neiglanga und wos gspian!
Wer gwinna wui, muaß wos riskiern."

Sie hoit an Apfe in da Hand,
spuit mit eahm umanand,
schaugt zu ihrm Feigenbladl nunter
und sogt: "Do is fei no wos drunter."
Sie schaugt auf seins: "Bei dir fei aa,
wos moanst, wia schee des waar!
Wenn s d' neibeißt, kanntat s sei..."
Da Adam packt den Apfe schnei,
wui 'n ois ganzn schlucka.
is am Würgn und am Drucka:
da Apfe riaht se ned vom Fleck,
steckt im Hois auf hoibn Weg.

Auf oamoi brausn Stürm,
Woikn sammen se zu Türm,
a dicka Blitz schiaßt draus hervor
und spoit den Bamm entzwoa.
Wos foigt, des is allseits bekannt:
Da liabe Gott, in Wuat entbrannt,
hod zwoa rote Kartn zückt
und d' Sünder in d' Vabannung gschickt.

De schwere Dia foit grod ins Schloß,
da Adam jammert: "Wos mach ma bloß?
Mia sann vadammt fia olle Zeitn!"
D' Eva stemmt se d' Händ in d Seitn:
"Hör auf zum wuisln; des pack ma scho;
werst seng, jetz geht as Lebn erst o.
Reiß de zamm, sei stark, ab morgn
muaßt nämlich Du fia uns zwoa sorgn."

Fia Evas Couragiertheit miassn
mia Frauen heit no biassn.
Mia habn ois ersts mitkriagt,
wos se durch unser Menschsei ziagt:
Wer aktiv is, werd strafgepeinigt.
Wer mitlafft bloß, vo Schuid gereinigt.

Flügellahm

Hod oan da Sensenmo umgmaaht
und werd ma nauf in Himmi gwaaht,
reiht ma se ei am Haupteingang,
d' Warteschlanga is nia lang.
Da Engelausweis werd ausgsteit,
Da neia Namma war scho gwäiht:
Koa Ahnung, wer se den ausdenkt!
Ma kriagt no sei weiß Gwand umghängt,
is fertig, wui scho Dankschön song,
hod aber doch no was zum frong:
"Ja, und Flügel kriag i koa?
Wachsn ma de vo alloa?"
In da Schreibstubn frommes Lacha:
"Do muaßt erst an Flugschein macha!"

Am nächsten Dog de erste Stund.
D' Lernflügl sann knoibunt,
damit se d' Schüler scho vo weitn
vo de Profis unterscheidn.
As Flüglschlong an Ort und Stei
lernt ma ziemlich schnei.
Da Lehrer schärft uns bsonders ei:
"Fliagts nia in graue Woikn nei!"
Dann geht s ums Grodausfliang,
ums Bremsen und a Kurvn kriang.

Scho boid saus i mit Mords Effet
wia friahra mit meim BMW.

Am letztn Dog im Schui-Parcour
fliag i mei letzte Lehrlingstour:
Bring an Turbo zum Aufjuchzen
und Schuiterglenk zum Schluchzen.
Vor mir a graue Woiknwand,
konn ned ausweicha - und nimms dant.
D' feichte Kältn auf de Schwinga
bringt d' Kondition ins Schlinga.
Und mit jedm Flüglschlong
leert se de Last, de d' Woikn drong.

Damit is klar, wanns warum rengt:
weil üba uns a Flugschui hängt.

Im Himmi nix Neis

1. Der weiße Engel

Jetz bin ich doch in 'n Himmi kemma
zum Woikn schiam und Harfen stemma.
Mit Flügl und meim weißn Gwand
fliag i vor Petrus' Villa umanand.
Aufpaßn soi i, hod a gsogt.
Und wenn da Deife noch eahm frogt:
ja ned lang redn, Vastärkung hoin,
der soi se in **sei** Reich vadroin.

Des is as Oanzige, wos i do dua,
außer Singa hoid in oana Tour.
Schiab aber ned alloa mei Wach:
Hob an Kollegen, feine Sach.
Bloß schaugt a ned so aus wia mia:
er is schwarz, kummt aus Zaire.
Nix Neis fia mi: im oidn Lebn
hods Gastarbeiter aa scho gebn.

2. Der schwarze Engel

Der kloane Blonde newa mir,
der kannt ma gfoin. Dafir
dad i moi mei Pflicht vagessen
und eahm eiladn zu am Essen
ins Restaurant "Zum Heilgenschein".
Bei Kerzenliacht und oidm Wein,
bei Harfenspui und Manna
kammat ma na näher zamma.

Wenns rauskamm, werat i vasetzt,
wia jeder, der a Gsetz valetzt.
Dann miassat i a Stockwerk diaffa,
zwischen d' Koihn durchschliaffa.
Fia jemandn durch 's Feia geh,
sofern ma n mog, des is scho sche.
Bloß is mir da Deife gwieß
ned so liab, wia 's da Blonde is.

3. Petrus

A Kreiz is scho mim Personoi,
wenn oam so wenig steht zua Woih.
Wos daherkummt, muaß ma nemma,
aa wenns nix glernt ham und nix kenna
und eahna Pflicht ned trei erfuin,
stattdessen Romeo und Julia spuin.

So wia de Wach vor meiner Hiawan.
De zwoa dad i ja am liawan
zum Strafdienst nüwerschicka,
zum Donnerrolln und Woiknstricka.
Weil 's Oanzige, wos de zwoa seng,
des is anander. Und dann wenn
da Deife aa no kummt,
gehts vor meiner Hüttn rund.

Und überhaupts dad grod no fein,
do herom an Mischling herzumstein.
Oiss foisch vastanden worn in Rom:
Wos gaab i jetz um a Kondom!

4. Gott

Ois Pensionist, des is wos wert,
weil d' Zeit oam endlich seiwa ghert.
Vor allem sicht ma manche Sachan,
um de andre Wirbe machan,
mit vui glassnere Aung.
Brauch bloß auf 'n Petrus schaung:
Schlaflos liegt a scho seit Nächtn,
weil seine Wachen hoid moi mechtn.
Dawei dad Nachwuchs wirklich not,
weil de Leit, de zur Zeit tot,
könn ma ja bei uns ned braucha.
De sann fia 'n Deife guad zum Schlaucha.

I seiwa hob koan Grund zum Schimpfa,
mei Nosn weng de zwoa zu rümpfa.
Wenn i so drüber nochsinnier:
Des Klopfa an Marias Tür,
da Gabriel, mei Bua kurz drauf -
De Vaterschaft gibt Rätsel auf.

Kinderaugen

Heier is a recht spät dro:
a paar Gschenka feihn eahm no.
Und weil im Himmi olle Lädn
um de Zeit nix mehr hättn,
hod a gor koa andre Woih
und hoid d' Rentier aus m Stoi.

Lang kreist a mit seim Schlitten
über d' hektische Stodmittn.
Find koan Parkplotz fia sei Gfährt.
Damit eahm d' Zeit ned enger werd,
steit a se in seiner Not
ins unbeschränkte Parkverbot.

Er steigt aus, wui geh und hert,
wia eahm a harsche Stimm nochplärrt:
"He guada Mo! Des geht fei ned!
Fia wos glaubn S', daß des Schuidl steht?
Und derf a Sie mit so am Gspann
überhaupts in d' Stod reifahrn?

Aha, as Nummernschuidl feiht,
Sie fahrn den Schlittn unogmeit.
Koa Blinker, vorn bloß Kerzn dro,
Rückspiagl fein aa omdrei no.

Ohne Führerschein am Steier?
Koane Papiere - des werd deier!"

Leit bleim steh, hern zua,
gebn eahnan gscheidn Senf dazua.
Sann noch eahnam Redn und Deitn
auf des Ordnungshüters Seitn.
A Mäderl schleicht, mit große Aung,
um a Rentier ozumschaung.
Wuis streichln, steht scho gstreckt,
ois d Muatta sie entdeckt
und energisch weggareißt:
"Geh wegga do! Des beißt!"
A anders Kind nimmt schnei Reißaus,
und steiht se hi zum Nikolaus,
hoit Kekserl aus der Mantltaschn:
"Fia d' Viecherl wos zum Naschn."

Und immer mehra Kinder drängeln,
woin se zum Nikolaus durchschlängeln.
stenga schließlich um eahm rum,
vor freidigem Erstauna stumm,
mit große Aung und offne Münder.
Mia warn aa amoi de Kinder.
Dann sann ma erwachsn worn,
ham d' Fähigkeit zum Schaung valorn.
Wunder? Do glaubt koana dro.
Doch wenn ma wui, dann gibt s' es no.

Lebenszeichen

Vom Schicksoi beidlt und dazaust -
im Lebn hod 's Scheitern ghaust.
Menschlichkeit ois Maßstab gnumma,
auf de Art nia zu wos kumma.
Vui zvui auf de andern ghert:
Wos do der und der song werd,
wos s' oiss vo eahm denga kanntn,
wos s' guad oder ned guad fandn.
"Versager" hams 'n gnennt,
a "Weichei" mit zwoa linke Händ.
Er bringat nix in dera Weit,
weil er se so deppert gsteit.
Und huiflos wia geborn,
waar nix weida aus eahm worn.

Weil d' Weit und er ned zammapassn,
entschliaßt a se, se zu verlassn,
reißt in da Kich as Fenster auf,
steit se aufs Fensterbrettl nauf.
Do steit a fest: er wohnt Parterre,
do gibt a Sprung ned recht vui her.

Er hod a Wäscheleine gfundn,
am Plafond ans Gasrohr bundn.
Um an Hois legt a se d' Schlinga,
wui von da Loata runterspringa.

Er hupft, stöhnt schmerzverbissen:
De oide Plastikschnur is grissn.

Es foit eahm ei, daß er im Bod
a Flascherl Schlaftablettn hod.
Er schluckts, in Wasser grührt,
buid se ei, er werd scho miad
und legt se aufm Diwan flach.
D' Zeit vageht; er bleibt hellwach.
Do kummt eahm de Erkenntnis:
Des Flascherl war a Mißverständnis.
Es foit eahm nämlich wieder ei:
Ois 's leer war, hod a Vitamine nei.

A letzter Ausweg bleibt eahm no:
Draußen senkt se d Sonna scho,
ois se da Seibstmordkandidat
da naheglengna Bahnstreck naht.

Er sigt de Gleis, hert Züg scho pfeifa
hert s' rattern und - zum Herzergreifa -
a kläglichs Schreien und Miaun
bei am oidn Bretterzaun.
Er geht in d' Knia, horcht rum;
de Katznstimm bleibt stumm.
Dafia sigt a aa Katzngstoit,
de angstig zu eahm Abstand hoit:

A Packerl Fei, bloß Haut und Knocha,
as Alter abzählbar in Wocha.
Und doch scho übersät mit Narben
vom Überlebenskampf und Darbn.
Er bleibt staad und riahrt se ned,
bis des Katzerl vor eahm steht.
Er red mit eahm ganz sanft und leis,
und auf de ganz normale Weis
faßt des Katzerl neien Muat:
"Do is wer, der moant 's guad".

Er nimmt des Viecherl auf n Arm,
hoid 's unter seiner Jackn warm,
drogt 's hoam, pflegts; hod seitdem
wieder neie Kraft fia s Lebn.

Sichtkontakt

Mir sann so gscheit!
Mir wissen über andre Leit
alloa vom Hischaung scho:
de is des, der is a so.
Piercing in da Lippn -
ghert zur Punkersippn.
Tätowiert bis nauf zum Hois:
Knasti - kenn ma oiss.
Er oid, sie jung; des schlaucht.
Klar, daß der Viagra braucht.

Mir sann so gscheit!
Mia wissn vo de andern Leit
alloa vom Seng auf da Straß
wia s' sann, vo weicher Rass:
Blasse Gsichtsfarb, Schlabbergwand,
so laffa Ökos umanand.
Männer, de ned männlich sann,
ghern zum warmer Clan.
Mundwinkl zoang noch unten -
der lacht bloß im Keller druntn

Und wos is mit de andern Leit?
De sann genau so gscheit.

Wos bleibt

I häd scho meng,
d' Umständ warn dageng.
Kenna häd i aa,
wenn 's anders glaffa waar.
I häd olle Chancen gnumma,
warat nix dazwischenkumma.
Manchmoi häd i soin.
As Schicksoi hod nia woin.
Ideen häd i gnua,
kumm hoid nia dazua.
Wenn i kannt, so wia i wui,
waar mir koa Arbat zvui.
I dad s eich zoang,
fia Überraschung sorng.

I dad scho meng -
d' Umständ sann dageng.
I und feig? Ja nia!
Wos konn an i dafia,
daß mi as Lebn mit Gwoit
in de gwohntn Schiena hoit!
Und daß i immer überleg:
Wo is a sichrer Weg.

Vui vo uns is lebenslang
vor olle neia Sachan bang.

Ma gwohnt se dro:
ans Dad und Mechat scho,
ans Kannt und Woit,
ans Waar und Soit,
an des, wos oan ned laßt
und des, wos ma vapaßt.
De Angst, wos zu valiern,
laßt uns liawa nix riskiern.

Doch es kummt a Zeit,
do macht se Wehmuat breit:
Kurz bevor de letzte Rast
unsan Puls vastumma laßt.
Dann werd uns nämlich unsa Lebn
zur schonungslosen Rückschau gebn.

Und oiss Erinnern, 's ganze Denga
bleibt bei de Konjunktive hänga:
Bei olle Kannt, Häd soin,
bei olle "Häd ja woin",
bei olle Weils und Irgendwann
und olle oidn "Ja wenn, dann..."

A letzts Bedauern steht
mit oam im Raum und geht.
Ma hauchts und laßt s dann los:
"Mei häd i, häd i bloß..."

Zeitspiegel

Sie hod koan Anfang, hod koa End,
is ned zum greifa mit de Händ.
Ma sigt s' ned, konn s' ned hern,
ned fanga und eisperrn.

Sie laßt se ausfuin und vabringa,
rinnt oam manchmoi zwischn d Finger.
Sie laßt se nemma, laßt se steihn,
sie konn oam z' lang wern oder fein.

Ma konn s valiern, doch nia mehr findn:
sie lafft noch vorn, niamois noch hintn.
Sie konn braucht wern oder dränga,
ma konn s' nutzen und vaschenga.

Ma konn s' messen, ned beschreibn.
Ma konn se s lassn und vatreibn.
Sie hoid oan ei, rennt oam davo,
hod ma zvui ghabt und vado.

Sie werd vaplant, eiteilt und gspart,
werd reif fia den, der lang gnua wart.
Ma konn s' totschlong und vaschlaffa,
ma konn s' gwinna, doch ned kaffa.

Wenn 's Lebn de hartn Schläg verteilt,
is 's sie, de olle Wunden heilt.
Sie geht ned mit uns, mir
genga a Stückerl Weg mit ihr.

Sie hod koan Anfang, aa koa End.
Sie nimmt uns kurz nur bei de Händ
ois Blaupapier fia unser Lebn.
Zeit is des, wos mia ihr gebn.
Und sie gibt zruck, womit ma 's fuit
- Zeit is nix, mit dem ma spuit.

Nebenwirkung

November waaht mit harter Hand
Schnee und Eiswind durchanand.
Aa wenn d' Sonna strahlend lacht,
werd d' Luft kaum wärmer gmacht.

Im Sommer unter Bruckn gleng,
jetz sitzn s' in Arkadengäng
und an windgschützte Stelln
konn ma immer mehra zäihn:
unrasiert, zalumpt, ungwaschn,
mit Rotwein- oder Fuselflaschn.
Oana kauert auf am Karton
a Schachterl vor sich auf m Bodn
und mit am Schuid danebn:
"Dankbar, wenn S' ma Pfenning gebn."

Ma geht vorbei und gspiat in sich
an mittelstarken Gwissenstich
und innahoib Sekunden
drahn ollalei Gedanken d Runden:
"Irgendwia dean s' ma scho leid,
grod in da koitn Jahreszeit.
Wo s woih de Nächt vabringa?
Im Asyl? Do mog s stinka!
Waschn kannt n se se scho,
ma schaugat s' glei ganz anders o.

Es is ja ned so, daß s' nix ham:
De bettln se ganz sche wos zamm!
Schuidlos in Not, a so a Krampf!
Z gstinkad sann s' fia n Lebenskampf.
ham se auf den Standpunkt gsteit:
andre arbatn, i nimm 's Geid.
Paar Pfennig kannt i scho entbehrn,
aa wenns in Schnaps vawandelt wern.
Olle wos gebn, geht aber schlecht;
bloß oam wos gebn, waar ungerecht.

Vielleicht geht ma dann hoam in d' Stubn,
gruscht im volla Eisschrank rum.
Macht se a einfachs Butterbrot
erinnert se da gsenga Not
und ißt des Brot trotz Überfluß
mit am neia Hochgenuß.
Des Leid vo andre werd oam zoagt,
damit ma fia sei Mildrung sorgt.
Es is mitunter aa von Nutzen,
de einga Ansprüch zrechtzustutzn.

Heidenröslein (nah an Goethe)

Bürscherl sigt a Rosn steh,
rennt hi zu dera Bluma,
de so rot und so vui sche.
Sie is eahm grod recht kumma,
damit a ned mit leere Händ
zu seim neia Gspusi rennt.

Bürscherl sogt: "Du werst jetz brocha."
D' Rosn drauf: "Konnst probiern,
na werst sauber gstocha."
Bürscherl laßt se ned vawirrn,
knickt de Rosen mittendurch
mit am lautn Schmerzensfluach.

D' Rosn stöhnt no kurz vorm Sterbn:
"Seiba schuid, hättst gwart,
bis d' Gentechniker fündig wern,
hättst da d bluadig Finger gspart,
waarst ned gstocha worn,
weil na häd i koane Dorn."

Meinungsbildung

War 's erste Moi im Lebn
in da Oper: Parsifal hods gebn.
Auf de Idee waar i nia kumma:
hob a gschenkte Kartn gnumma.

Zerst war bloß Musi - ohne Singa,
um 's Publikum in Stimmung z bringa.
Dann hams an Vorhang ghobn
und auf da Bühne drobn
a soichana Vahau!
Stoa- und Metallblöck, oiss in grau,
Stoffrest über d' Decka gspannt,
und a Baugrüst no am Rand.
Des hod bestimmt der Fima ghert,
von der de Bühne aufbaut werd.

Dann hams guade vier Stund gsunga.
Wos, is zu mir ned durchdrunga.
I hob dann zuagschaugt, wos de macha;
da Musi noch wars nix zum Lacha:
Koa Melodie, de oan beschwingat
und de ma seiber aa gern singat.
Manchmoi hod ma s' fast ned ghert,
dann hod auf oamoi s Blechzeig plärrt.

A Frau hod mit a Hauptroin gspuit;
sie hod d Bühne bsonders gfuit.
Sie is oa-, zwoamoi gstorbn,
dann wiederbelebt worn,
hod weitergsunga - woaß ned recht,
vielleicht war ihra aa bloß schlecht?

Dann war no wos mit Pfeil und Bogn,
a Papperdeckel-Schwan is gflogn.
Paar junge Madl, hoiwad nackert,
ham an feschen Kerl obaggert.
Der hod se dann a Schachterl greit
und olle ham se drüber gfreit.
Warums vor eahm auf d' Knia gfoin sann,
Hob i leider ned erfahrn.

Um wos bei dera Oper geht,
woaß i bis heut no ned.
Gfoin hod s' ma aber scho!
Des woaß i - aus m Feuilleton.

Faust für Anfänger

Faust ist selbst für passionierte und gebildete Literatur-Liebhaber schwerer Stoff. An der Interpretation des Glanzlichts deutscher Dramenkultur beißen sich seit gut 220 Jahren Leute vom Fach die Zähne aus. Insofern ist es nicht verwunderlich, daß Zeitgenossen, deren Lektüre überwiegend aus Bild-Zeitung, Frau im Spiegel und Bunte besteht, zu ganz eigenen Schlußfolgerungen gelangen.

D' Schneizlinger hat an Faust jüngst im Theater gseng, weil s' Freikarten ghabt hod. Ansonsten is s' Liebhaberin vom Chiemgauer Bauerntheater. Aber sie platzt vor Stoiz, Teilhaberin der hohen deitschn Literatur gewesn zu sei und vazähit ihrer Nachbarin und Busenfreindin im Treppenhaus von dem Ereignis.

Schneizlinger:
Ogfanga hods mit am oidn, gscheidn Mo in a Kellerwohnung; Souterrain sogt ma heit. Wahrscheinlich a Sozialwohnung. Obwoih: Ich hob de Eintrittspreise an der Kasse glesen: Von daher miassat einglich a bessere Wohnung drin gwesen sei.

Der is do so rumgsessn und hod Seibstgespräche gführt über d' Welt und so und daß er trotz oi seine Biacher immer no a Depp is.

Freundin:
Is des a sozialkritischs Stück? Weil i hob neilich vo da Akademiker-Arbeitslosigkeit glesn.

D Schneizlinger überlegt kurz:

Schneizlinger:
Ja, kannt scho sei. Weil da Faust hod an rumstreunenden Hund mit hoam gnumma. Oiso, Tierschutz is do aa a Thema. Jedenfois macht Faust in seim Kellerloch an traurigen, unzufriedna Eindruck, und ma kennt des ja bei ältere Leut, wia de aufbliahn mit am Hund.

Freundin:
Wos war des für a Hund?

Schneizlinger:
A schwarzer Pudel, glaub i. Aber des is wurscht! Weil der Hund war ned lang a Hund, weil er mit am Zauberspruch vom Faust in 'n Deife verwandelt wordn is – Maestro... naa ...Meph... Mephisto hat er ghoaßn. Und da Deife war da Kern vo dem Pudel.

Freundin:
Wos fia a Kern? Wieso hod a Pudel an Kern? Zwetschgen und Pfirsich ham Kern, aber doch ned a Hund! War des a Aufführung, de vom Tierschutzverein gsponsert wordn is?

Schneizlinger:
Der Kern ist doch a Symbol für des, was in uns drinnasteckt und mia normalerweise ned wissen. Oder wos aa in andre Leit drinnasteckt. Woaßt, wia da Boitinger im zwoaten Stock: Des is a soichana Lätschnbene! Damit de der griaßt, muaßt an schriftlichn Antrag stelln. Aber wer woaß: vielleicht is a ganz diaf drin, irgendwo a richtig zünftiger Typ. Aber des muaß ma hoid erst rauskitzeln.

Freundin:
Wie bei meim Horstl. Bei dem kitzelt 's da Obstler raus: Erst nach a hoibn Flaschn kafft der am Rosenverkäufer drei Bleame fia mi ob. Niachtern denkt der an sowos überhaupts ned.

Schneizlinger:
Ja, so ähnlich. Und dann hod da Teufel am Faust a Wettn obotn und hod gsogt: Paß auf, i zoag Dir oidn, vertrockneten Biachawurm, wia ma richtig d' Sau rauslaßt; dafia kriag i dei

Seele - später moi, wenn's D' tot bist. De zwoa Männer ziang los in a Kellerwirtschaft und lassen s sauber kracha.

Freundin:
Und der oide Knocha Faust hod woih nix vadrong und an saubern Rausch ghabt?

Schneizlinger:
Des konnst laut song! Und damit a wieder auf d' Fiaß kummt, hod da Mae... Me... phisto eahm an Zaubertrank gebn, mit dem a jünger werd und Chancen bei de Frauen hod.

Freundin:
Viagra?

Schneizlinger:
Woaß i ned. Aber es hod ghoiffa, weil as Gretchen, d' Gretl, a ganz a jungs Ding, total naiv und furchtbar sittlich, is voi auf 'n Faust obgfahrn. - Woaßt, des Madl war so wos von guad - fast a Depp! Aber am Faust hod 's gfoin und er schenkt ihra an wertvoin Schmuck zum Obandln...

Freundin:
Damit er s' ins Bett kriagt, oder? De Maschn is ja ned nei. Und kriagt a s' rum?

Schneizlinger:
Ja, aber d Muadda vo da Gretl hod des ned wissen derfa. Und damit s' ungstört sann, hod da Faust da Muadda vo da Gretl a Schlafmittel gebn. - Aber z vui, und sie ist gstorbn davo.

Freundin:
Bläd glaffa. Und d' Gretl ist ungewollt schwanger wordn vo dem oidn Lustmoich?

Schneizlinger:
Ja, genau. Und ihr Bruada hod des erfahren und woit d' Ehre vo seiner Schwester retten. Er is vom Faust mit Huif vom Mephisto umbrocht worn. Und des arme Madl hod aus lauter Verzweiflung ihr Neugeborenes umbrocht. Sie is dafür vom Gericht wega Mord verurteilt wordn und ins Gefängnis kumma.

Freundin:
So a Art Ehrenmord wia heitzudog bei de Islamer!

Die Schneizlinger ist plötzlich sichtlich ergriffen:

Schneizlinger:
Mei, und ois da Faust d' Gretl im Gefängnis bsuacht hod und sie befreien woit, hod des Madl gmerkt, daß mit dem Faust wos ned stimmt, daß des a ganz odraahter Hund is. Dann hod s' gsogt: „Heinrich mir graut vor Dir!" Aah, do is 's ma koid an Buckel nunterglaffa!

Freundin: *(unbeeindruckt, winkt ab)*
Des kenn i vo meim Horstl, wenn a vom Stammtisch hoamkummt und noch Bier stinkt. Und i muaß sei Fahna de ganz Nacht eischnaufa. Do grausts ma fei scho aa. - *(nach einer kurzen Pause)* - Habn se se jetzt kriagt oder ned?

Schneizlinger: *(schnauft genervt durch):*
Um des geht's doch ned bei dem Faust!

Freundin:
Um wos dann?

Schneizlinger: *(überlegt etwas, dann - bestimmt):*
Um an Jugendwahn. Und daß de oidn Leit ned auf Deifi kumm raus auf jung macha soitn. Ma sigt ja, wos rauskummt dabei.

Freundin:
Wia schaugts aus? In zwoa Wocha kummt a neis Stück vo da Gstanzlbühne raus: "Verlobung im Heu".

Schneizlinger: *(pikiert, fast überheblich)*
Naa! Sei ma ned bäs! Aber fia so an Schmarrn hob i koa Zeit. In de Kammerspiele spuin s' nämlich jetz dann a Stück von Mohair: "Der eingebildete Kranke".

Sie dreht sich um und geht die Treppe hinauf.

Freundin: *(der Schneizlinger nachschauend):*
Jetz spinnts! A Theaterstück über 's marode Gsundheitssystem muaß sie seng!

Das Lied von der Glocke (frei nach Schiller)

Festgmauert im Bodn
steht de Form in Baatz neibrennt.
Es pressiert zum ersten Ton
und d' Baubelegschaft rennt.

Sie hämmert, werkelt: Überstundn,
des Drum muaß ganz schnei fertig werdn!
D' Gwerkschaft macht scho ihre Rundn
weng am Streik und Bauleit auszumsperrn.

Koa Chance: sann Schwarzarbeiter.
Und jeder hängt sei nei.
Bis zum Anschlag, immer weida.
Boid hängt des Drum an Ort und Stei.

Da Bürgameister red recht gern,
is bei da Einweihung zum hern:
"Freude dieser Stadt bedeute,
Friede sei ihr erst Geläute."

Sch eis d' Glockn - aber laut!
Gott und Friede sei gepriesen.
Aber mei Terrass is frisch hibaut -
des Schewan wird ma d' Ruah vamiesn!

Soi des Werk an Meister lobn -
an Künstlerpreis kriagt **der** ja boid.
Mei Seng kummt ned vo obn,
sondern vo meim Rechtsanwoit.

Wanderers Nachtlied *(frei nach Goethe)*

Über olle Gipfe is Ruah,
Schnee-erstarrt wart d' Natur.
Koa Wandrergruaß is zum hern,
koa Jodlerschalln vo da Fern.
Koa Schwammalsuacha grobt im Woid.
Aber warts nur - boid
werd da Ruah ihr Ende gnumma,
wenn d' Schifahrer kumma.

Vernissage

In Galerien stengan s' rum,
bekritln laut und rätsln stumm.
Beschaung Abstraktes vo da Weitn
in ganzer Läng und Breitn.
Vasuacha mit Analysiern
de Farbnknoten zu entwirrn:

"D' Farbn und d' Figurn
sann gwieß des Meisters Seelenspurn.
Der Pinselstrich, genial und schlicht,
gibt da Konzeption a Gsicht,
des jedn Rahma sprengt
(wesweng des Buidl ohne hängt).
Und außerdem liegt aa a Sinn
in de runden Kreise drin.
Daß se de Frau a so varrenkt!
Wos hod da Maler do woih denkt?"

Sofern da Maler sehr bekannt,
hängt ma se 'n dahoam an d'Wand.
Und gibt se äußerst kunstbeflissen,
wenn Bsuach kummt und der mechat wissen,
wos des Gschmier einglich bedeit,
wos oam des sogt in unsra Zeit.

Ma konn mit Kunstvastand brilliern,
se vor de Gscheidstn profiliern
und gewinnt enorm an Wert,
weil oam des Stückal Leinwand g'hert.

In mancha stiller Stund - alloa -
nimmt ma se gscheide Biacha vor,
lernt nomoi d'wichtigste Passage
fia de nächste Vernissage.

Steckerl-Virus

Schleichat is a kumma,
hod lautlos seine Opfer gnumma.
Is ned zum riacha oder schmecka,
und jeder konn se leicht ostecka.
Beinah über Nacht
hod a vui Leut siechend gmacht.

Er macht ned Fiaba und Katarrh
er arbat innen, unsichtbar.
Sei Wirkung geht noch außen
und ma begegnet ihr bloß draußen:
In de Parks und Isarauen,
bei Junge, Ältre, Männer, Frauen.
Do sigt ma, wia des Virus wirkt,
indem 's Kraft aus de Haxn ziagt.
Es is ned wia bei de ganz Oidn,
de se beim Geh am Stock eihoitn.
De Infizierten braucha zwoa,
schiabn s' abwechselnd zruck und vor.
Drum konn ma s' aa guad hörn:
klack, klack von nah und fern.
Klack, klack vo hinten und vo vorn.
Laut is 's seit dem Virus wordn.
Heilungschancen? Koa in Sicht:
Da Virus hod mehr ois oa Gsicht.
Wo is a auftaucht 's erste Moi?

Unbekannt. Auf jeden Foi
is guad, daß ma sein Namma kennt:
er werd Nordic Walking gnennt.

Lösungsmittel

Mei - nix konn i, nix bin i.
Manchmoi glaab i, spinn i.
I bin so schiach, so deppert,
wia se oa Dreck zum andan läppert.
Moment: fia soiche Psychosuppn
gibt 's Seibsthuifegruppn.

Da Jamsterer is ganga - fremd.
Wia se d valetzte Seele stemmt:
Der Saukerl, so a gscherter Hund!
Wia a ma feiht, Stund um Stund.
Mi hauts so rum, kumm ned klar
- i brauch a Seminar.

Wieda net highaut, nix worn.
Daß s wos werd, häd i gschworn.
Warum meng de nia wia i?
Dua doch oiss fia sie.
Is mei beste Zeit scho gwesn?
Hob do vo am Workshop glesn.
Wos soi i bloß doa?
Kumm ned zruck und ned vor.

Is 's z' friah oda scho z' spät?
Vielleicht bin i einfach z' bläd?

Es huift oiss nix mehr -
do muaß a Coaching her.

Hod oiss kost 6.000 in bar.
I bin bliebn, wer i war.
Es häd wos Billigas gebn:
nemma, wia 's kummt - as Leben.

Guter Grund

"Gei, Sie sann in Thailand gwesn"
Hob Eahna Ansichtskarten glesn.
Und wia wars? War 's intressant?
Ganz andre Leit, ganz anders Land?"

"Toll! Bucht hamma Club Asia Lounge,
da beste in da ganzn Branche.
Super Zimmer, Blick zum Strand.
D' Clubführung liegt in deitscher Hand.
Des merkt ma, wei wo hod ma scho
im Urlaub sunst a saubers Kloo?
Vui deitsche Gäst hods gebn -
do konnst ja glei ganz anders redn!
Und 's Essen - eine Schau:
Schweinsbrotn, Schnitzel, ganz genau
wia dahoam. Und 's Bier, ja mei,
war vom Augustiner-Bräu!"

"Mm-hm. Und Land und Leit?"
"Hamma gseng. Jedn Abnd um d' seibe Zeit
nochm Essen vom Büffet
Folklore-Gruppn - wirklich sche!"
nochm Essen vom Büffet
Folklore-Gruppn - wirklich sche!"

"Ah so! Sie ham mehr Bodeurlaub gmacht?"
"Ja, da Schwimming-Pool war a aa Pracht!
Do ham ma feine Cocktails gnumma.
Im Meer direkt sann ma ned gschwumma:
Waoßt nia, ob di ned Haifisch beißn
und wos d' Asier an Dreck neischmeißn."

"Klar. Sann S' a weng in d' Gegend gfahrn?"
"Um an Club war Dschungel, so a Schmarrn!
I wissat ned, wos i do soi,
außer daß i ma d' Malaria hoi."

"Na ja. Aber d' Kuitur, de scheena Tempe?"
"Wos soi i mid dem Stoanakrempe?
Des Zeig gibts doch woanders aa -
ois ob i desweng higfahrn waar!

Ui, jetz muaß i aber weida:
im ersten Stock d' Frau Schneider
is frisch aus Spanien glandt
und wui berichtn. Bin ja gspannt,
obs im Club Espagna Benidorm,
aa so sche is wia dahoam."

Faszination

Es intressiert koa Kinobsuach,
koa Fetn und scho gar koa Buach.
Eahnre Kontakte mit da Weit
sann über 's Internet hergsteit.
Fast jeden Dog, bis spät in d' Nacht
werd da Computer ned ausgmacht.
Sie genga kaum mehr aus 'm Haus;
echte Leit sann Grund zum Graus.
e-mail-Adress und Foto glanga,
um Kommunikation ozfanga.
Sie sann in Gseischaft - und doch alloa
und beugn dem Streß vo Nähe vor.

De Stimm vom andern hern,
in Arm moi gnumma wern,
des Mienenspui im andern Gsicht -
auf des oiss werd do vazicht.
Richtig menschln duad 's do nia.
Des is ja furchtbar! Ned mit mia!
Na, konn i ned nochvoiziang,
daß de fast Suchtsymptome kriang!
I brauch Leit aus Fleisch und Bluat,
des Mitanand in Freid und Wuat!

Bin aa online ganga, endlich;
rein geschäftlich - seibstvaständlich.
Jetz werd oft, bis spät in d' Nacht
da Computer ned ausgmacht.
I hob moi, d' Neugier hod mi triebn,
an a paar Adressn gschriebn
und Antwort kriagt; so fangt des o.
I hob zruckgschriebn sowieso.

Seitdem geht des hin und her:
Wärm und Nähe immer mehr.
Kaum dahoam, werd ois weggsteit
und se ins Internet eigwäiht.
I hoi ma glei s Mailkastl her -
und wehe, des is leer!
Do hob i mi oft zammagrissn
und ned in mei PC-Maus bissn!
Jetz konn i nochvoiziang,
daß manche Suchtsymptome kriang.

Koa Zeit

Oi dammalang ruaft jemand o.
I waar so froh,
häd i moi Zeit
fia mi und ned fia andre Leit.

Furtgeh soit i jedn Dog.
Daß i ned mog,
des hod sein Grund:
I brauch a moi fia mi a Stund.

Dauernd mecht wer kumma kenna.
Es waar schena,
häd i d' Ruah
zu lebn ganz ohne Uhr.

Dad "zeitlos" mi vor Hektik schützn?
I brauchat Zeit, des zu benützen.
De Hoffnung konn i eigrobn:
I hob koa Zeit zum Zeithobn.

Absatzschwierigkeiten

Immer dünner, immer länger,
boid werdn ma in de Woikn hänga.
Schwierig is damit zum geh,
ungsund sann s' aa, aber sche!

Mia werdn in de Spoitn
vo Pflasterstoana gfangaghoitn.
So mancha Weg aus Kieselstoana
malträtiert de Knöchlboana.

As geh auf Wiesn oda Weidn
is sowieso zu meidn:
Durch kloana Flächn großer Druck
bleibn d' Schuah im Erdreich zruck.

Des sann moderne Modezeiten
mit **unsre** Absatzschwierigkeiten.

Webomanie

Da Hund beim Fressn und beim Sauffa,
beim Schlaffa und Setzen vo am Hauffa,
Trocken, noß, voller Dreck,
beim Knabbern vo am Stückerl Speck,
bei da Jagd auf Nachbars Katz.
Zu jedm Buid a bläda Satz.
Des intressiert kaum wen im echtn Lebn,
drum werd 's ins Internet neigebn.

Grod durch 'n Uterus nauskämpft
werd a scho ins Web neidrängt:
Vahuzelt, zammazwickte Aung:
Wem soi der ähnlich schaung?!
Danoch werd optisch jede Wocha,
in d' Kloakindseele krocha:
Do lacht a; mei, do is a fad;
do hod a Hunger; do is a staad...
A poar Joahr später postet Junior
mit seim Smartphone oiss alloa.

„I hob mei Zimmer fertig gstricha",
„Mei Hamster is vablicha",
„I schaug grod Tagesschau",
„Gestern war i furchtbar blau".
Aa wenns in Niederrimsting gwittert,
werd des sofort getwittert!

Seit kurzem bin i Medium:
Geister hupfa um mi rum.
I sig s' ganz deitlich, hör ihr Red:
„Endlich wer, der uns vasteht!"

Hob echte Freind, de ehrlich warn:
„Her ma bloß auf mit dem Schmarrn!"
Des tangiert mi aber ned:
Dann stei i 's hoid ins Internet.

Sportlerherz

Drah wochaends gern meine Runden
an da Isar a paar Stunden.
Und wui koa Hektik oda Hast,
de ma sunst an d' Nerven faßt.

Doch is vo da ersehnten Ruah
z' findn kaum mehr no a Spur:
Büroleit, de de ganze Wocha
sitzn auf gewisse Knocha,
schmeißn se ins Trainingsgwand
und sportln gschaftig umanand.

Radln, roasn, skaten, hetzen,
schnaufa d Lunga se in Fetzn,
übatöna mit m Keicha
's Voglsinga in de Sträucha.

Unta Umständ ois Passant,
packt oan a Skateboard dant.
Oder - wenn 's am Bremsen feiht
bei Neiling auf de Inlineskate –
foit oam aus dem Skaterschwarm
oana unverhofft in d' Arm.

Mei Sport, der schenkt Griabigkeit,
as Kennalerna neier Leit.

Mei Sport braucht Ruah, Geduid,
do werd se mit de Stundn gspuit.
Mei Sport lafft aa mehr im Sitzn,
trotzdem ned ohne Schwitzn:
Wenn unta de Kastanienbamm
koane freia Plätz mehr sann.

Feldstudie

Er hod so lang im Triabn gfischt,
jetz hods 'n richtig voi dawischt:
A so a Schmuckstück vo am Weib!
Er geht in d' Knia vor ihram Leib.

Jeds Wort, de s' an eahm richt,
is genau des, des aus eahm spricht.
Aa wenn d' Vaständigung bisweilen schwer:
sie kummt vom hoha Norden her.

So oane mog koane Dilettanten;
mit seine oidn Sprüch konn a ned landn.
Es muaß wos Bsonders her:
a Gedicht, vo Liab und Sehnsucht schwer.
A Hymne, de 'n unsterblich macht -
er plogt se ob a ganze Nacht:

Du bist von da Wurschd des Weiß,
des i auszuzl und gnüßlich beiß.
Du bist da Petersui im Weißwurschd-Braat:
ohne des de Wurschd ned schmecka daad.

Du bist vom August da Iner
und von de Frankfurter de Wiener.
Vom Händl bist Du da Mayr
und vom Bay de Eier.

Und her ich mei Charivari klimpern,
denk i an deine Wimpern.

Vom Gams bist Du da Bart,
der auf an Luftzug wart,
damit a se zu Dir hibiagt
und dein lieblichen Gruch mitkriagt.

Du bist vom Bron des Schwein
und vom Heitsgebot des Rein.
Vom Umzug bist du de Tracht
und von da Schüssel de Schlacht.

Is sei Gedicht okumma?
Sei Schwarm hod 's ois Anlaß gnumma,
se ganz nei auszurüsten,
wenn s' zruckkummt von da Nordseeküstn.
Mit Studienkollegen - Ethnologie.
Mit am Bayern oamoi vis a vie,
a Eingeborner, der so dicht -
des gibt da Wissenschaft a ganz neis Gsicht!

Richtungswechsel

Innenstod, Touristenzeit,
d' Weit macht se in München breit.
Oanzln, busweis und in Herdn
fremde Sprachn und Gebärdn.
Am Marienplotz, am Rand,
steht a Münchner umanand.
A Pensionist mit recht vui Zeit,
de a fuit mit Heiterkeit
beim Oschaung der Touristenmassn,
de se vorm Rathaus niederlassen.
Wia s zum Glockenspui naufstiern,
ois d' Schäffler eahnan Tanz auffiahn.
Na, eahm gangs d', soweit zum fahrn,
vielleicht as ganze Jahr drauf sparn.
Stundenlang im Fliager hänga,
se in enge Buss neizwänga!
Do lobt a se an Tegernsee:
's is ned weit hi, und trotzdem sche.
Er kennt ja eh an Rest da Weit
aus de Biacher, de a bsteit.

Er geht weida, d' Brotzeit winkt,
ois newa eahm a Stimmerl singt:
"Could you help us, please?"
Er draht se hi, schaugt, wer des is:
drei Paar sanfte Mandlaung,

de voi Erwartung auf eahm schaung.
Nippons Töchter lächeln breit,
ois oane auf 'n Stodplan deit
und "Hofbräuhaus" fast buchstabiert.
Da Eingeborne hod s kapiert:
Er kratzt im Hirn de letztn Gramm
vo seim bisserl Englisch zamm:
"First ju must go left
bis to se flower ... Gschäft.
There ju see right a Gassn
- so hoaßn bei uns kloane Straßen -,
D' Japanerinnen schaung vawirrt,
aber 's Lächeln werd ned miad.
"A little schdreet, go bis to end."
Da Münchner deit wos mit de Händ.
"There: Music-Antiquar.
You know? Music: uff da da"!
A Tochter Nippons kennt se aus:
"Yes, yes, Music, Hofbräuhaus!"

Da Münchner merkt, so geht des ned.
Denkt se: "Bevor i länger red:
Es is gscheider, i führ s' hi".
Er winkt und sogt: "Let's go, come with me."
Er geht los und Japans Madl
vafoing kichernd seine Wadl.
Im Hofbräuhaus endlich okumma
werd zu viert a Tisch eignumma.

Werd gessn, drunga, Gaudi gmacht,
weils bloß oa Sprach gibt, wenn ma lacht.
Wos an fremdm Wortschatz feiht,
werd mit Händ und Fiaß dargsteit.
Kulturbarrieren gibts koa mehr.
Adressen genga hin und her
und wos am Münchner bsonders gfoit:
sei Namma in Japanisch gmoit.
Zletzt druckt da Münchner, ganz galant,
jeder no an Kruag in d' Hand,
geht hoamwärts no a weng spaziern,
laßt den Dog Revue passiern,
sigt se im Geist scho d' Koffer packa:
fia d' Reise nächsts Jahr: noch Osaka.

Weißwurschd's Betrachtungen

I werd auszuzlt oder gschnittn,
serviert mit Ketchup oder Frittn.
Begleit vo Voikornbrot und Kräcker:
I bedien Touristen-Geschmäcker.

Vom Oana gessn zamt da Haut
vom Andan mundgerecht dahaut.
Oda ma schält mi aus meim Gwand
und ißt mi nackat in da Hand.

I wer beschriem ois fad und blaß,
ois Metzgers schlechtn Gspaß.
Ois fett und daß i lädschad schaug
- ned moi ois Currywurschd wos taug.

I brauch in meim kurzn Lebn
ned vui zum Stimmung hebn:
an siassn Senf, a Brezn, de kracht,
a Hoiwe Bier, de frisch zapft lacht.
A Kennerhand, de 's Messer fiaht,
an Gauma, der durch mi aufbliaht.

Dann tritt i ob, vo Trauer blank:
mi ißt a Münchner - Gott sei Dank!

Wortgewalt

Familienfeier, Haufa Leit,
se nimmer gseng seit Ewigkeit.
Ma hod guad gessn, is beim Dringa,
beim Ratschn, Lacha und beim Singa:
D' Stimmung is am Höhepunkt,
ois wer brutal dazwischenfunkt,
mim Löffe an a Glasl schlogt
und unheilvoi, fast drohend sogt:
"Liabe Leit, herts kurz bloß zua.
I wui wos sogn, paar Worte nur."
Noch und noch werd 's staad im Raum,
aus Höflichkeit, aus Neigier kaum.

"Unter uns is jemand do,
de werd heit 100 Jahr.
Es kannt koan schenan Anlaß gebn,
zruckzuschaung auf a reichs Lebn."
D' Oma Walli, um de s geht,
hantiert an ihram Hörgerät.

"Ogfangt hod s bei Wilhelm Zwoa:
Mia ham s mim Kaiserreich no z doa!
D' Oma hod no bei Paradn gwunga
und de oide Hymne gsunga.
Dann Sarajevo mit dem Schuß,
der ganze spaterne Vadruß -

Ihr wißt 's: da Weitkriag war geborn -
do is d' Oma grod sechs Jahr oid worn.
Dann Weimar, Ebert, Stresemann,
Demokratie bricht wieder zamm.
Es foigt noch rechts a Rutsch
und da Münchner Nazi-Putsch.
Im Bürgerbräu, ned weit entfernt,
hod d Oma damois Köchin glernt."

Manch oana sitzt bereits auf Koihn:
ma häd doch no aufs Kloo geh soin.
D' Oma Walli wirkt entspannt,
mim Hörgerät in ihra Hand.
Da Redner laßt se ned beirrn:
kummt zu de zwoaten Weitkriagswirrn,
Besatzungszeit, schwarzer Handel.
Oma Wallis Wertewandel,
hi zum Überlebenssinn:
Sie war d' Haidhauser Schwarzmarkt-Queen.

D' Flaschn auf m Tisch sann leer,
's gibt koane Stimulantien mehr.
Servietten miassn jetz herhoitn -
zum Fliager- und zum Schifferl-Foitn.
Mit Streichhoiz werd Mikado gspuit,
Soiz und Pfeffer inanandergfuit.
D' Oma döst, hod d' Arm vaschränkt,
ihrn kloana Kopf noch unten gsenkt.

Ois Ludwid Erhards Kraft
as Wirtschaftswunder schafft,
is d' Oma in a Schiaflag gron
ihr Sitzn hängt am seidna Fon.
De große Koalition
dalebt s' scho aufm Bon.

A Schroa im Auditorium,
aufgscheichte Hehna renna rum.
Oiss redt durchanander,
oana gscheider wia da ander:
"A Beatmung Mund zu Mund
des is as Gebot da Stund!"
"Na, 's Herz ghert unbedingt massiert."
"Daß des grod an ihram Dog passiert!"
Da Notarzt werd ogläut,
Trauer macht se breit,
ois s' Zeuge vo am Wunder wern,
weil s' plötzlich d' Oma Walli hern:
"Geh, hert 's auf! I bin ned tot!
I huif Eich bloß aus Eura Not:
De blaua Fleck sann 's ma wert,
daß der endlich 's redn aufhert!"

Ganz einfach

Lange Dog und Nächt dro gfeilt,
jeds Wort, jede Zeile gstylt.
Wos sei Liabste in eahm weckt,
hod a in de Verse gsteckt.
Und heit omds, do werd se s hern,
ihr sei diaffe Liab erklärn.

Zitternd steht er erst vor ihr,
dann foit a unversehns auf d' Knia,
hoit ihr an Rosenstrauß vors Gsicht
und fangt o mit seim Gedicht:

"Ach, wia se oller Rosn Duft
vawandelt in obgstandne Luft,
in Deiner Gegenwart varraucht,
de oiss in siaßn Odem daucht.
Wia s eahnre Köpferl hänga lassn,
ob Deiner Lieblichkeit vablassn.
Wer in Dei holdes Antlitz blickt,
werd an Leib und Seel erquickt.
Unwürdig bin i, doch gesteh s:
gesteh s...ähm, wia war des?"
Er stottert, stammelt, martert s Hirn,
um sein Vortrog weiterzfiahrn.

Doch umasunst, trotz oim Nochdenga:
Er bleibt vor seim Geständnis hänga.
Da ganzn Liebeslyrik Pracht
ist mit oam Schlog zunichte gmacht.
Bevor a ganz zum Narren grott
Harrt a stumm da Liabsten Spott.

De aber lächelt dankbar nunter,
macht n mit oam Satz wieder munter:
"Kumm, bevor s de weida plogst -
sog hoit einfach, daß d mi mogst."

Tiefenwirkung

Schwarzbraun oder fast durchsichtig,
kerndlgfuadat, mogersüchtig,
pfirsichglatt und foitnreich,
Zellulitis, Hängebäuch.
Wia Haring anander drängt
werd se auf d' Liegewiesn zwängt.
Des is as Voik; d' haute voilé
vasammet se am Schwimmbassin.

Und auf dera Freilichtbühne
sitzt a blondgelockter Hüne,
umringt vo weibliche Gestoitn,
um bei eahna Hof zu hoitn:
D' Haut goidbraun wia Muichkaffee,
d' Muskln bauschn se in d' Höh.
Koa Gramm Fett, voi durchtrainiert,
zoagt seine Reize ungeniert:
Bloß a Stückerl Stoff mit Schnur
vadeckt da Lenden Kraftnatur.

Im Harem grinsn s extrabreit,
ois oane Richtung Sprungturm deit,
eahm frogt, dad a des wirklich bringa,
von ganz drobn kopfüber z' springa?
Da Schönling schaugt zum Sportgerät,
steht dann glangweilt auf und geht.

D' Muskln roin bei jedm Schritt
wia große Kugellager mit.
Betont lässig, langsam, cool
marschiert a um den ganzn Pool,
damit da letzte Ignorant
des kummande Ereignis ahnt.

Am Sprungturm steht a im Gedränge,
steigt langsam aufwärts in da Menge,
bis a auf siebn Meter glangt,
wo 's Brettl überm Wasser schwankt.
Glei is 's leer, glei kummt a dro;
er hert im Geist an Beifall scho.
Sigt se aufm Laufsteg schreitn,
d' Arm am Bredlend ausbreitn.

Geht in d' Knia, hoit kraftvoi Schwung
zu am eleganten Sprung,
surrt in d' Diafn wia a Pfeil,
zateilt as Wasser wia a Keil.

Dann taucht a triumphierend auf. -
Außer eahm treibt 's no wos nauf:
Sei superknapper Mini-Tanga
is bei da Landung stiftn ganga.
Ois as merkt, des Drum dagreit,
spannan 's aa no andre Leit

und genga schnei auf Tauchstation,
bevor a se bedecka konn.
So werd a gseng, was ja sei soit,
doch völlig anders, ois as woit.

Neigschmeckt

Edle Teppich, weiche Poisterstuih,
Kellner fast wia Gäst sovui.
Koana grölt, koana schreit:
vornehme Heiterkeit.
Auf jedm Tisch fia jedn Esser,
massig Bsteck mit dreialoa Messer.
In Leder bundn auf acht Seiten
stenga d' Köstlichkeiten.

Hob a hoibe Stund studiert
und d Phantasie mobilisiert,
weil de Sprach befremdlich
und mir völlig unverständlich.
A Ober huift ma recht diskret
und sogt, wos er heid gessn häd.

Wos i auf sei Empfehlung gnumma,
entpuppt se ois a Hummer.
So sitz i huiflos vor dem Viech
und ob i schneid, stich oder brich,
wia i 's aa drah und wendt:
Des Viechal wehrt se vehement.
So laßt da Sieg der Kreatur
mir nur de pflanzliche Natur.

Doch während i des Greazeig kau,
mach i a recht vornehms Gschau:
Wei mia kennt koana o,
daß i koan Hummer essen ko.

Ratgeber

Ma mecht wos doa, denkt umanand,
macht se an Plan, der hihaun kannt.
Bevor ma loslegt, mecht ma gern
de Meinung vo Bekannte hern.
Se vergewissern, ob 's so paßt
und aa in d' Tat umsetzen laßt.

Da Erste wäiht an Slalomkurs:
"Ja, ja, des hod scho Hand und Fuaß.
Im Kern is des a guader Plan,
wenn aa Details no offen sann.
Vastehst mi do scho recht:
Ned daß i Dir obronn mecht."

Da Nächste is voi überzeigt:
"A Riesensach, wenn de moi steigt!
Genau so muaßt d' as macha.
Ziags durch! Laß 's sauber kracha!"

A Dritter sogt 's oam grod ins Gsicht:
"Na, des is koa guade Gschicht!
Des is a Schmarrn, laß liawa bleibn.
Des werd nix, konn i unterschreibn."No oana
sogt: "I woaß ned,
ob des oiss so einfach geht.

I konn dazua ned sehr vui song,
miassast jemand andern frogn.
I wui a Wertung aa vameidn:
Letztlich muaßt a 's Du entscheidn."

Noch so am Irrgang merkt ma wieder:
As einge Gfuih is 's Auf und Nieder.
Drum frogt ma liawa erst um Rat,
nochdem ma se entschiedn hod.

Guad glaffa

Oktoberfest, zehne auf d Nacht,
d' Stimmung brummt, da Festwirt lacht.
Da Fonse sitzt scho lange Stund
mit seine Freind im Bierzelt und
hod gwett, wia vui sei Blasn faßt:
Fünf Maß haben ohne Leerung paßt.
De sechste trinkt a bloß no o –
da Unterleib schreit noch am Klo.
Blitzschnei zwickts extrem,
jetz geht's ums reine Überlebn.
Er muaß durch Menschenmassn drucka,
gspiat an Dammbruch näherrucka
und kummt mit zammazwickte Knia
endlich zur Klohäusl-Tür.

D' Erlösung! Nah – ned zum daglanga,
er muaß se eireihn in a Schlanga.
Da Fonse tippet auf da Stei,
red beschwörend auf sich ei,
daß a so dringend gar ned muaß
und steigt se seiwa auf n Fuaß.
Weil durch den Schmerz vo seim Tritt
kriagt a den vo innen ned so mit.
Ganz langsam schiabt se d' Reih.
Mim Aufrechtsteh is längst vorbei:

As Wartn ziagt se endlos hi,
da Fonse foit in Agonie.
Schweiß steht eahm auf da Stirn
und a Gedanke keimt im Hirn:
Hinterm Zelt, belegt zwar mit Vabot,
gaabs Befreiung aus der Not.
So sorgt da Fonse illegal
fias Ende seiner Blasnqual.

Grad, ois 's rauscht und lafft,
wird a vo hintn barsch oblafft:
„Her mit 'm Geld und zwar sofort
oder mei Messer kummt zu Wort!"
Er kramt mit seiner freien Hand
in da Hosntaschn umanand,
glangt a paar Schein noch hintn,
de sofort aus seiner Hand vaschwindn.
Und es vaschwind da Leibesschmerz:
Fonses Blick geht himmewärts.
Da letzte Tropfa: Seligkeit,
Woihtat und Lebendigkeit.
Des is des bissal Geld scho wert –
es hod eh am Spezi ghert.

Bläde bis gscheide Sprüch

Friahra war ma a bläda Hund oda
a gscherda Ramme -
heidzudog hod ma a "Imageproblem".

Wann merkt ma, daß ma ois waschechte
Münchnerin in seiner Heimatstod a Alien is?

Wenn d Vakeiferin in da Bäckerei "Semme"
ned vasteht, oan bläd oschaugt und moant
"Ach so! Brötchen!"
Wenn ma beim Breznkaffa extra dazuasong
muaß, ma mecht Brezn mit Soiz.
Wenn ma a Auszonge kaffa wui und a Anzeige

wega "Erregung öffentlichen Ärgernisses"
kriagt.

Wia nennt ma a an Blindenhund no? -
Bio-Navi.

Wia nennt ma an Tisch im Biergartn volla
Preißn no? - A Nullrundn.

Einglich is Klofrau a Traumjob: Ma muaß se
ned den Scheiß vo andre ohern
- ma konn an einfach wegwischn.

Wia nennt ma des, wenn zu de Preißn am Biertisch no oana dazuakummt? - Nullwachstum

Wos is da Unterschied zwischn a Diktatur
und a Demokratie?
In da Diktatur bestimmt bloß **oa** Depp,
wo 's langgeht.

An wos dakennt ma, daß a geistig beschränkter
Mensch a Öko-Freak is? - Sei Bredl vorm Hirn
stammt aus nochhoitigm Anbau.

Entzug

Morgn is as Weihnachtsfest.
Werd alloa sei ohne Gäst,
an Streß in Keller packa
und stinkfaul aufm Diwan flagga.
Werd wieder Rotz und Wasser woana:
von de Sissi-Fuim entgeht ma koana.

A paar Stund später treibts mi um,
laaf ziellos in da Wohnung rum.
Suach dringend wos zum doa,
Nimm ma a Buach zum Lesen vor,
legs wieder zruck noch a paar Seitn.
Vielleicht Hausfrauentätigkeitn?
D' Schränk moi richtig putzen,
Zimmerpflanzen stutzen.
Oids Gwand aussortieren,
as Suiberbsteck poliern.
Geht oiss vui z schnei
und wieder foit ma nix mehr ei,
um da Unruah in mir drinna
nachhaltig zu entrinna.

Und des de kummaten vier Dog,
an de i gar ned denga mog.
Morgn is as Weihnachtsfest.
Werd alloa sei ohne Gäst,

I werd ned Rotz und Wasser woana:
weil Sissi-Fuim lafft desmoi koana.

Hod a doch lang ghoitn,
mi zehn Jahr bestens unterhoitn.
Jetz is a hi, bleibt stumm, untätig,
wobei se Allbekannts bestätigt:
Wenn da Fernseher nimma mog,
passiert des prinzipiell vor Feierdog.

Asylanten

In letzta Zeit
kumma fremde Leit
in den Kramerlodn am Eck.
Mit dunkla Haut und schwarze Aung,
de fremdlnd umanandaschaung.
Seitdem kumma Waren weg.
Vom oideigsessna Kundenstamm
krampfet koana Sachan zamm!
Oiso liegts doch auf da Hand:
do steiht a Asylant!

Vorna in dem oidn Haus
gengas jetza ei und aus.
Mia ham do koa Wohnung kriagt!
De ham koa Arbat, ham koa Geid,
kriang Essen, Gwand und Wohnraum gsteit.
Wen wunderts, daß da Neid oan würgt?
Wei mia, de arbatn und schaffa,
miassn um a Wohnung raffa.
Jahre sanns leergstandn,
bis kumma sann - de Asylanten.
Zu später Stund
geht ohne Grund
vo uns neamd mehr auf d' Straß.
Ma woaß doch, wia de sann:
De haun oan wega 5 Mark zamm.

Des is ned unsa Rass!
Ned umasunst fahrt d' Polizei
dauernd an dem Haus vorbei
und schaugt noch de Bekannten,
de s'reichlich hod - bei Asylanten.

Blauliacht, Martinshorn
bei de Fremdn vorn.
De ham gwieß d' Messer gwetzt.
In da Zeitung werd ma lesen:
A Übafoi is gwesn.
Zwoa Asylanten leicht valetzt.
Deitsche ham an Rentner ghaut.
Koana hod ghoiffa, hod se traut,
sann bloß umanandagstandn.
Olle, bis auf - zwoa Asylanten.

A Oanzelfoi

Frau Schneizlinger und Frau Primsl stenga an da Kasse im Supermarkt. Sie miassn warten und ratschen a weng:

Schneizlinger:
„Mei, ham S' des glesen vo dem Afrikaner, der auf offener Straß vo Neonazis zammgschlagn wordn is?"

Primsl:
„Jaa, des is doch des letzte! Bloß weil a Ausländer is. Und no dazua a Student, a ganz a gscheider Kerl. Koa Asylbewerber, der auf Staatskosten lebt und se an faula Lenz macht!"

Schneizlinger:
„Gcnau! Do kannt ma ja no vasteh, daß de Neonazis a Wuat auf so oan ham. Obwoih, seibst dann is a Sauerei. Wenn ma überlegt, wia 's in Afrika zuageht, mit Kriag und Diktatur...."

Primsl:
„Außerdem sann ned olle Ausländer Schmarotzer. Do muaß ma an Oanzelfoi seng".

Schneizlinger:
„Scho, aber des mit da Demokratie kenna de Afrikaner und Islamis einfach ned. Do brauchs d' bloß a foisch Wort song und scho hauns da Machetn übern Kopf. Dawei hättn doch grad in Afrika d' Engländer, Franzosen und Deitsche mit eahnre Kolonien do wos Guads hinterlassen. Sunst hockaten de Eingeborna ja heid no auf de Bamm".

Primsl:
„Aber sauber aufgführt haben se de Kolonialmächt scho aa!"

Schneizlinger:
„Oiso i hob nix gega Ausländer. I mog gern ab und zua a Pizza oder moi an Döner".

Primsl:
„Und de Griechen und Türken ham wirklich a ganz a guads Obst und Gmias, i kauf gern bei dene ei. Und bei uns im Haus wohnt jetz a türkische Familie. De sann so guad zum haben – des sigst und herst ned."

Frau Primsl schaugt noch vorn zur Kasse, um zu erfahren, warum 's in da Schlanga so langsam weidageht.

„Warum dauert des heid so lang?"

Frau Schneizlinger schaugt jetz aa in Richtung Kasse. D' Kassierin is a junge, dunkelhaarige Frau mit fremdländischen Gesichtszügen.

Schneizlinger:
„De kenn i gar ned, des is a Neie. Schaugt aus wia a Türkin oder so wos".

Primsl:
„Aha. Und warum werds dann glei an am Samsdog an d' Kass gsetzt? De muaß doch des erst lerna!"

Schneizlinger:
„Des is wieder typisch Großkonzern: Dene is da Kunde wurscht, ob a warten muaß oder gscheid bedient werd. Und ob 's Personal überhaupts Deitsch konn."

Primsl:
„A bissal Deitsch wird s' scho kenna. Aber langsam is de!"

Schneizlinger:
„Sann ma froh, daß s' de Sachen bloß übern Scanner ziang muaß und ned oiss vo Hand eitippn. Do dad i fei aufn Kassenzettl besteh!"

D' Kassierin hod grod an junga Burschen in Arbat.

Primsl:
„Ah, schaugs o, flirtet scho mit am Kunden rum! Des haben de Orientalinna ja olle drauf".

Schneizlinger:
„De wui bestimmt obandln wega a Heirat mit am Deitschn. Des kannt ihra so passen!"

Primsl:
„Und den Mo dann obkassiern und 's Geld noch Anatolien schicka!"

Frau Primsl checkt ihr Obst und vaschliaßt de offena Cellophantüten mit am Knoten.

„A Freindin vo mir suacht scho lang a Arbat, de hod bis heut nix gfundn…

Schneizlinger:
„Des liest ma doch dauernd, daß de Ausländer oiss vorn und hinten neigschobn kriang und de einger Leut..."

Primsl:
„...sann wurscht. Des is oiss wega da Globalisierung und da EU. A soichaner Schmarrn!"

De Damen kumma an d' Reih; Frau Schneizlinger ois Erste. D' Kassierin sogt a freindlichs „Grüß Gott". Schneizlinger legt wortlos ihre Sachan auf 's Laufbandl und vasuacht, den Namma auf dem Schuid vo da Kassierin zu entziffern: Irgendwos mit "Özarimoglou".

D' Kassierin wui grod an Beidl Tomaten über 'n Scanner ziang, ois s' stutzt, de Tütn aufmacht und a ogstässne Tomatn raushoid. Sie sogt zur Schneizlinger in gepflegtem Münchnerisch:

„Mei, schaung S', de is nimma guad. I hoi Eahna schnei a neue".

D' Kassierin rennt zur Gemüsetheke und bringt kurz drauf a tadellose Ersatztomatn und packt s' in de Tütn. Schneizlinger und Primsl schaung se vadutzt o. Schneizlinger quetscht an „Dankschön" aus und zahlt, danoch Frau Primsl.

Primsl:
„Host Du des ghert? De red ja wia mia?"

Schneizlinger, wissend:
„Ja, warum ned? Es kummt immer auf n Oanzelfoi o."

Temperamentssach

So unterschiedlich se d' Leit gebn:
es gibt Ereignisse im Lebn,
wo ma de vier Grundtemprament
am Vahoitn leicht dakennt.

Im Lokal - ois Beispui gnumma -
is grod de bstellte Suppn kumma.
Appetitlich dampft s im Teller,
d Magnsäft rinna schneller,
mit Petersui is nett vaziert
- und mit am langa Haar garniert.

Phlegmatiker

Da Erste sigt des Haar: Ja, mei,
nix auf da Welt is mangelfrei!
Aus seim Nogl-Neccessaire
nimmt a dann d Pinzettn her
und seelenruhig, beinah wia glernt,
werd des haarige Objekt entfernt.
Er poliert no de Pinzetten
an der weißen Stoff-Serviettn,
dann leffet a sein Teller leer
und richt des kloane Löfferl her,
des a immer bei sich hod,
zum Raupnfanga im Solod.

Melancholiker

Am Zwoaten is des Haar Beweis
fia dunkler Schicksoismächte Fleiß:
"Mei, des hod ja kumma miassn,
ois häd i no ned gnua zum Biaßn.
I hob s scho immer gwußt:
's Lebn hod fia mir bloß Frust.
Oiss hod se gega mi vaschworn.
Waar i bloß nia geboren worn!"
Da Weg zur Suppn is vabaut
und ois a ra trockne Semme kaut,
bhoit a oamoi mehra recht:
koana mogn und d' Welt is schlecht!

Choleriker

Da Dritte, der des Haar entdeckt,
fuiht se aufs Gscherteste dableckt.
Er pumpt se auf, werd feierrot,
wia vo am Herzinfarkt bedroht.
Er plärrt am Ober: "Schaung S moi, do!
Seng Sie des Drum Haar?
Des hob i fei ned bsteit!
Am Gsundheitsamt ghert sowos gemeidt!
Wos soi i? Ned so plärrn?

Des kenna eahnre Gäst ruhig hern,
daß s in da Schweinsbrotnrindn
vielleicht an Zehanogl finden!"

Sanguiniker

Fia 'n Viertn is des Haar Objekt,
der Neigier, was dahintersteckt.
Er schiabt 's zerst moi zum Tellerrand,
nimmt s dann raus, hoit s in da Hand,
trocknet 's aa no ob a weng
und betracht 's in ganzer Läng:
es is blond; er schaugt se um,
sei Blick geht zu de Tisch rundrum.
Er schwenkt des Haar bedeitungsschwer,
sigt an Ober, winkt n her
und frogt mit hoffnungsfroher Miene:
"Sie, wo is 'n de Blondine?"

Farbenblind

Wenn ma diaf ins Glasl schaugt,
diafa, ois oam einglich daugt,
werd ma blau, dalebt mitunter
auf m Hoamweg s seibe Wunder,
steit d Polizei beim Alkotest
kaum no a Bluat im Körper fest.
Des is aber koa blaus Bluat;
wei sowos hod ma vo Geburt.

Grün werd ma vor Neid
und bei starker Übelkeit.
Nimmt letztre überhand,
is ma weiß wia d Wand.

Da oa sigt schwarz, da ander rot.
Und in da ollagrößten Not
huift oam d rosarote Bruin
an Blick mit schene Sachan fuin.

Se schwarz ärgern is vakehrt,
ma konn aa wartn, bis ma s werd.
Jahrzehnte kenna goidn sei.
Und lodt oam jemand lächlnd ei:
"Kumm an mei grüne Seiten",
dann winka rosige Zeiten.

Grau is olle Theorie,
aa de Maus vo vis-à-vis.
Und olle Katzn in der Nacht
ham de Farb zua eahnan gmacht.

Ma moanat, bei der Farbpalettn,
daß olle gnua zur Auswahl hättn.
Doch seng, bedauerlicherweis,
de meisten nur in schwarz und weiß.

Gordischer Knoten

De Menschen lieng so manche Frong
wia riesen Feisblöck im Mong.
Vor allem oane werd gern gsteit:
Fia wos oan gibt auf dera Weit.

Is ma do zum Reibach macha?
Soi ma kloane Semmen bacha?
Se oiss nemma, wos ma wui?
S' Lebn oschaung ois a Spui?

Soi ma heiratn, se vamehrn,
zum Familienvorbild wern?
Oder seine Trieb vawöhna,
und olln Lastern lustvoi fröna?

Oder weitlichm Genuß entsong,
se mit Geißelungen plong?
Soi ma oin Besitz vaschenga,
im Kloster über n Sinn nochdenga?

Soi ma Buddha diaf vaehrn?
Meikkuah fia an Guru wern?
Oder d Rolls Royce seiwa steiern,
se ois den Erlöser feiern?

Durch soiche Frong bekräftigt,
wern ganze Industrien beschäftigt.
Do daucha d' Leit in d' Kindheit weg
zruck bis zu de Eierstöck.
Martern eahnre Großhrinrindn
um vazweifelt rauszumfindn,
wos des fia a Ton sei kannt,
wenn ma klatscht mit oana Hand.

Ois Antwort auf mein Lebenssinn,
warum i do bin, wer i bin,
nimm i de Frog mim Glasl her:
is hoiwat voi, hoiwat leer?
Es lafft auf ganz wos Einfachs naus:
Wos drinna is, des trink i aus.

Alphabetisches Register

Absatzschwierigkeiten	73
Alle Jahre wieder	20
Am schena Sigi geht a Liacht auf	9
A Oanzlfoi	104
Asylanten	102
Aus 'm Bauch	11
Bläde bis gscheide Sprüch	98
Entzug	100
Fallbeispiel	13
Farbenblind	113
Faszination	70
Faust für Anfänger	52
Feierwerk	26
Feldstudie	78
Flucht aus dem Paradies	28
Flügellahm	31
Ganz einfach	87
Gordischer Knoten	115
Guada Grund	68
Guad glaffa	96
Heidenröslein	49
Im Himmi nix Neis	33
Kinderaung	37
Koa Schodn ohne Nutzen	18
Koa Zeit	72
Lebenszeichen	39
Das Lied von der Glocke	59
Lösungsmittel	66

Meinungsbildung	50
Nebenwirkung	47
Neigschmeckt	92
Ratgeber	94
Richtungswechsel	80
Unerklärlich	16
Sichtkontakt	42
Sportlerherz	76
Steckerlvirus	64
Temperamentssach	110
Tiefenwirkung	89
Vernissage	62
Vorsätzlich	21
Wanderers Nachtlied	61
Webomanie	74
Weihnachten	23
Weißwursts Betrachtungen	83
Wortgewalt	84
Wos bleibt	43
Zeitspiegel	45